Massenpsychologie für Einsteiger

Wie Sie die Psychologie der Massen leicht verstehen, eine Gruppendynamik vorhersagen und zu Ihrem Vorteil nutzen können

Monika Embacher

INHALT

Das erwartet Sie in diesem Buch........................1

Psychologie und Masse.............................4

Was ist Psychologie?.................................4

Was ist eine Masse?.................................6

Was ist Massenpsychologie?.....................8

Ziele der Massenpsychologie.................10

Eigene Ideale verallgemeinern................11

Zum Schutz..12

Als Ablenkungsmanöver..........................13

Für Profit...14

Gebiete der Massen- psychologie 16

Medienkonsum.......................................17

Politik...19

Religion..22

Bildung...23

Sport..24

Musik...27

Und noch so vieles mehr 28

Verschiedene Blickwinkel der Massen-
psychologie...31

Früher und heute..31

Unterschiedliche Sozialschichten............................34

Alter der Menschen..36

Privater oder beruflicher Einfluss?.........................38

Geistige Verfassung 40

Größe der Masse 41

Welche Absichten werden verfolgt?.......................43

Selbst lenken oder gelenkt werden?.......................44

Reaktionen im Vergleich 46

Jeder Mensch reagierT unterschiedlich.................46

Mit dem Strom schwimmen 47

Gegen den Strom schwimmen................................49

Eigene Meinung bilden..50

Risiken und Chancen 51

In nur 10 Schritten mehr kommunikativen
Erfolg..54

Setzen Sie sich ein Ziel 55

Erkennen Sie die Risiken und Chancen 56

Argumentieren Sie richtig 58

Üben, üben, üben 58

Passen Sie sich der Kommunikationsart an 59

Verkaufen Sie sich nicht unter Wert 61

Sprechen Sie auf den Punkt 62

Ich-Botschaften 63

Win-win-Situation erschaffen 65

Und wie geht es weiter? 67

Die wichtigsten Tipps zusammengefasst 70

Das erwartet Sie in diesem Buch

Sie können seit einiger Zeit nicht mehr klar darüber nachdenken oder entscheiden, was Sie von Ihrem Umfeld oder dem ganzen Weltgeschehen halten sollen? Sie machen sich selbstständig und wollen sich oder Ihr Produkt optimal anpreisen? Oder Sie haben gerade frisch als Lehrer angefangen und möchten den für Sie persönlich besten Unterrichtsstil herausfinden? Sie möchten in die Politik einsteigen oder einfach nur die Welt ein bisschen besser machen? Oder wissen Sie nicht, wie Sie ein solches oder ähnliches

Problem lösen sollen? Dann haben Sie heute genau zum richtigen Ratgeber gegriffen.

Hier finden Sie unter anderem eine grundlegende Einführung in die Theorie der Massenpsychologie, welche ein Teil der Sozialpsychologie ist. Vieles geht im Grunde mit der eigenen Psyche, aber auch mit den menschlichen Trieben einher und lässt sich gezielt auf eine Masse umlegen. Aber ist eine Masse, wie im allgemeinen Volksglauben verankert, automatisch immer dumm? Ganz im Gegenteil! Sie kann in ihrer Stärke auch sehr hilfsbereit sein und viele gute Dinge erschaffen und teilen.

Welche verschiedenen Gebiete und Blickwinkel gibt es in der Massenpsychologie überhaupt? Welche Ziele werden verfolgt? Warum und vor allem wie beeinflusst der Bildungsgrad der Menschen die Reaktionen einer Masse? Und weshalb haben Alter und Religion etwas damit zu tun? Das alles und noch viel mehr bringen wir Ihnen heute etwas näher.

Außerdem bekommen Sie einen Eindruck davon, wie wir tagtäglich mit diesem sehr interessanten Thema konfrontiert werden, meist ohne es zu bemerken. Dies wird durch viele verschiedene kleine Beispiele veranschaulicht, um dieses breit gefächerte Thema etwas einfacher zu erklären. Und vielleicht bekommen Sie auch ein paar Antworten auf Fragen, an die Sie noch gar nicht gedacht haben.

Psychologie und Masse

WAS IST PSYCHOLOGIE?

Das Wort Psychologie lässt sich als „Seelenkunde" übersetzen oder noch einfacher ausgedrückt: Wie tickt ein Mensch? Und warum verhält er sich so, wie er es nun einmal tut? Es geht also nicht um die im Urinstinkt verankerten menschlichen Triebe ums Überleben wie zu essen, zu trinken, zu schlafen oder Luft zu holen, sondern um die Art, wie ein Mensch denkt, fühlt, spricht und sich verhält.

Die Psyche wird von jedem noch so kleinen Ereignis im Leben beeinflusst und dadurch verändert. Dies beginnt schon von Geburt an und endet erst mit dem Tod, wenn das Gehirn abschaltet. Jede Erfahrung, nicht nur mit uns selbst, sondern auch mit anderen Menschen, speichert unser Gehirn in seinen unterschiedlichen Regionen ab, verarbeitet und verknüpft sie mit anderen Erlebnissen. So lernen wir zum Beispiel im Alter, vorsichtiger bei bestimmten Arten von Menschen zu sein, oder verstehen manches aus der Kindheit, was wir als Kinder einfach noch nicht verstanden haben.

Mit der Psyche werden also unsere Emotionen gesteuert. Es gibt so viele davon: Liebe, Mut, Angst, Hass, Freude, Trauer, Lust, Spaß, Neid, Wut ... manche mehr, manche weniger steuerbar, zum Beispiel durch das Erlernen bestimmter Techniken im Umgang mit Stresssituationen. Grundsätzlich lassen sich Gefühle aber in zwei einfache Kategorien einordnen: gut und schlecht. Jedoch entscheiden Sie immer unbewusst und spontan, ob Sie sich in einer bestimmten Situation wohlfühlen oder am liebsten flüchten würden. Das passiert, indem Ihr Gehirn alle ähnlichen Erlebnisse, die Sie bereits hatten, miteinander verknüpft und sich daran erinnert, ob Ihnen diese gefallen haben oder nicht.

Natürlich spielt die frühe Entwicklung als Kind schon eine große Rolle, zu welcher Art Mensch man heranwächst. Ist es ein liebevolles, behütetes Elternhaus, in dem das Kind auch mal Fehler machen und daraus lernen darf? Oder ist es eher ein schlechtes Umfeld, wie auch immer man dies definiert. Jedoch kann die Psyche auch in jeder anderen Lebensphase mit einem bestimmten Mindset beeinflusst werden. Hat man viele Erfolgserlebnisse, wirkt sich das auf das Selbstbewusstsein ganz anders aus, als würde ein Fehlschlag den nächsten jagen.

Der Wiener Arzt und Neurophysiologe Sigmund Freud lebte um 1900 und ist der Begründer der Psychoanalyse. Er gilt als einer der erfolgreichsten Denker des 20. Jahrhunderts. Freud ging davon aus, dass seelische Probleme durch unbewusste Konflikte entstehen. Seiner Meinung nach sollte man sich seine eigenen verdrängten Wünsche bewusst machen, damit sie kein Problem mehr darstellen können, und sieht dies als Lösung und Ziel der Therapie. Noch heute werden seine damals revolutionären Modelle des menschlichen Denkens verwendet, um die Theorie besser zu veranschaulichen.

WAS IST EINE MASSE?

Eine Masse von Menschen denkt und handelt gemeinschaftlich auf relativ kleinem Raum, sozusagen als „Massenkörper". Sie lässt sich klar von einer Menge unterscheiden, weil es immer bestimmte Bedingungen gibt, unter denen alle gleich sind. Besuchen Sie zum

Beispiel ein großes Kaufhaus, schwimmen Sie nur in einer Menge beliebig denkender Mitmenschen. Es kaufen zwar alle etwas ein, aber jeder nur das, was er selbst braucht oder möchte. Gehen Sie jedoch zu einem Musikkonzert Ihres Lieblingskünstlers, stehen Sie inmitten einer Masse von Gleichgesinnten. Denn wer geht schon freiwillig auf ein Rockkonzert, wenn man eigentlich lieber klassische Musik hört?

Es gibt viele verschiedene Gruppen, die als Masse bezeichnet werden können. Diese werden Sie aber etwas später bei den Gebieten der Massenpsychologie noch genauer kennenlernen. Sie können auch zu mehreren Massen-Gruppen gleichzeitig gehören oder sogar dazugehören, ohne körperlich präsent inmitten einer Menschenmasse zu stehen, wie z. B. Fleisch zu essen oder vegan zu leben. Gerade heutzutage, da die digitale Entwicklung sehr rasch voranschreitet, erkennt man vor allem in sozialen Medien immer öfter den Zusammenschluss solcher Massen. Ausschlaggebend ist dabei nicht unbedingt die Größe oder Anwesenheit der Masse, sondern immer nur eines: dass möglichst viele andere Menschen in diesem Punkt genauso denken wie Sie selbst.

WAS IST MASSENPSYCHOLOGIE?

Der französische Soziologe Gustave Le Bon gilt mit seinem Buch „Psychologie der Massen" (1895) als einer der Begründer der Massenpsychologie. Er glaubte, dass der einzelne Mensch in der Anonymität einer Masse seine rationale Kritikfähigkeit verliere und vor allem auf emotionale Signale reagiere. Sie geben ihre persönliche Verantwortung auf und ergeben sich den ansteckenden Gefühlen der Masse. Der allgemeine Erfahrungsschatz ist Ausgangspunkt für die Theorie, dass sich große Menschenmassen oft überraschend und irrational verhalten, wie zum Beispiel das Auslösen einer Massenpanik wegen einer Nichtigkeit. Aus diesem Grund wird sie im Volksmund eher als „dumme Masse" abgewertet.

Wenn die Masse aber geschlossen zusammenhält, kann sie einiges schaffen. Es entsteht ein tiefes Gefühl von Gemeinschaft und Stärke und so kann ein gemeinsames Ziel schnell und konstruktiv erreicht werden. Dazu braucht sie aber eine Leitung, welche aus einer oder auch mehreren Personen bestehen kann. Diese Leitung lenkt die Masse nach ihren Idealen zum gewünschten Ergebnis. Beim Musikkonzert ist dies z. B. der Künstler auf der Bühne. Animiert er die Zuschauer zum Mitsingen, sind diese schnell alle einbezogen und haben Spaß.

Sollte jedoch ein Einzelner mal eine etwas andere Meinung haben, wie der Gruppenkonsens lautet, so wird er entweder gar nicht gehört und ignoriert oder vom Rest der Masse sofort ausgeschlossen. Auch die Hemmschwelle jedes einzelnen sinkt in einer Masse in den allermeisten Fällen stark und man lässt sich zu Handlungen hinreißen, welche man im „normalen Leben" auf keinen Fall so machen würde. So kann eine Masse sehr zerstörerisch werden. Frühere Diktaturen wie unter Hitler oder Stalin sind gute Beispiele dafür, wie es ganz schnell ins Negative ausarten kann.

Ziele der Massen-psychologie

Wie bei den meisten Dingen gibt es auch bei der Massenpsychologie nicht nur ein Ziel, das man erreichen kann, denn so gut wie überall ist mehr als nur einen Blickwinkel relevant, um die gesamte Spannbreite aller Folgen zu erfassen. Folgend werden Ihnen die vier größten Hauptziele der Lenkung einer Masse etwas näher erläutert.

EIGENE IDEALE
VERALLGEMEINERN

Ein unterbewusstes Ziel, das jeder Mensch in sich trägt, ist die Verbreitung seiner persönlichen Ideale einer Lebensweise. Was gut ist und was schlecht, darüber lässt sich bekanntlich streiten. Aber jeder denkt erst einmal, die eigene Sichtweise der Dinge ist die bessere. Das liegt an unserem Ego, welches sich wegen unserer Erfahrungen nicht leicht umstimmen lässt. Doch mit ein paar Tricks lässt sich jemand dann vielleicht doch von einer anderen Meinung überzeugen, denn die Welt ein bisschen mehr nach den eigenen Vorstellungen zu gestalten, gehört wohl bei den meisten, zumindest unterbewusst, mit zum Ziel.

Es geht also darum, seine eigene Denkweise auf andere zu übertragen, sodass das Gegenüber im Idealfall hinterher anders handelt als vorher, z. B. bei der Kindererziehung. Deshalb ist Psychologie auch so spannend und natürlich geht dies nicht nur mit Einzelpersonen, sondern auch mit Menschenmassen. Etwas schwieriger, aber es geht. Eines der besten Beispiele ist hier leider der Holocaust unter Hitler.

ZUM SCHUTZ

Ein weiterer Drang, der in uns allen steckt, ist, Menschen zu schützen. Vor allem Menschen, die uns nahe stehen; sei es vor körperlicher Krankheit oder psychischer Belastung.

Körperliche Krankheit: Nehmen wir an, Sie wollen jemanden davon überzeugen, weniger Fleisch zu essen. Dafür kann es viele Gründe geben. Entweder möchten Sie Ihr Umfeld auf die Treibhausgase und damit auf das Klima aufmerksam machen, was dann eher wieder unter die Verallgemeinerung Ihrer Ideale fällt, oder Sie wollen verhindern, dass ein übergewichtiges Familienmitglied deswegen (noch) krankheitsanfälliger wird und helfen so, sein Gewicht zu reduzieren. Dies zählt dann zum Schutz vor körperlicher Krankheit.

Psychische Belastung: Für Menschen mit einem Handicap ist es oft schwer, sich in die Gesellschaft zu integrieren. Leider gibt es immer noch viele intolerante Mitmenschen. Möchten Sie z. B. jemanden vor noch mehr Aufmerksamkeit in der Öffentlichkeit schützen, gehen Sie mit ihm in einen Tierpark. Dort ist die Atmosphäre von vornherein viel familiärer als in einem Einkaufszentrum.

Diese zwei Kategorien könnten unterschiedlicher nicht sein, im Kern sind sie aber wieder ziemlich gleich. Man möchte jemanden vor etwas Negativem schützen. Und wieder geht das Ganze natürlich auch ein Stückchen größer: Die Schutzimpfung bei Kindern für Masern ist zum Beispiel Pflicht, weil es bei der übrigen Bevölkerung zu körperlicher Krankheit führen würde, von vornherein aber verhindert werden kann. Dies musste auch erst einmal allen klargemacht werden, denn gegen eine Impfpflicht oder überhaupt gegen neue Verpflichtungen gibt es grundsätzlich immer erst einmal eine allgemeine Gegenwehr.

ALS ABLENKUNGSMANÖVER

Ein Taschendieb rempelt Sie an und plötzlich ist Ihre Brieftasche weg? Dies wäre ein Ablenkungsmanöver auf kleinem Niveau. Gute Trickbetrüger nutzen gern die Aufmerksamkeit einer ganzen Menschenmasse, um sie auf einen bestimmten Punkt zu fixieren. Der eigentliche Trick aber passiert an anderer Stelle, wo keiner hinsieht. Genauso geschieht es auch wieder bei der Massenpsychologie.

Nehmen wir doch mal ein Beispiel mit schlechten Absichten. Ein Terrorist droht, in einem öffentlichen

Gebäude eine Bombe zu zünden. Alle Einsatzkräfte fixieren sich auf dieses eine Gebäude. Jedoch wollte der vermeintliche Bombenleger nur etwas Ablenkung schaffen, um ganz woanders eine Bank auszurauben, wo dann möglichst wenig Polizisten für den Einsatz zur Verfügung stehen sollten.

Grundsätzlich besteht der Anhaltspunkt also darin, dass peinliche oder strafbare Dinge im Hintergrund ungesehen bleiben, etwas vertuscht wird oder man schlicht und einfach jemanden überraschen will.

FÜR PROFIT

Natürlich bleibt dann noch die Profitgier. Profit wiederum lässt sich unterschiedlich definieren. Die meisten denken hierbei ans Geld, aber auch eine gewisse Macht über etwas kann sehr profitabel sein.

Geld: Werbung ist hier eines der Schlüsselwörter. Würden Sie Geld für etwas ausgeben, von dem Sie nicht mal wissen, dass man es kaufen kann? Nein! Und je ansprechender die Werbung eines Produkts ist, umso eher werden nicht nur Sie, sondern möglichst viele Menschen zum Kauf hingerissen. Doch auch gute Dinge wie Spendenaufrufe bekommen so mehr

Beachtung. Durch Werbung kann also, wofür auch immer, sehr viel Geld erwirtschaftet werden.

Macht: Nun einmal Hand aufs Herz: Wem würde es nicht gefallen, wenn möglichst viele nach der eigenen Pfeife tanzen? Je mehr Ihre Mitmenschen auf Sie hören, desto besser können Sie Ihre persönlichen Ideale verallgemeinern. Dieses Ziel ist also eng verbunden mit der Macht über etwas. Auch lassen sich so z. B. diverse Diskussionen schneller beenden oder gar vermeiden, wenn Ihr Gegenüber gut auf Sie hört. Macht hat man aber nicht einfach so über etwas, denn Respekt müssen Sie sich lange und hart verdienen, vor allem bei einer Masse.

Gebiete der Massen- psychologie

Kommen wir nun zu den verschiedenen Gebieten der Massenpsychologie. Eigentlich lässt
sich fast jedes Gebiet irgendwie mit dieser
Thematik in Zusammenhang bringen. Und wo immer
eine große Menschenmasse entsteht, gibt es eine Ge-
genseite, die von dieser Haltung das genaue Gegenteil
vertritt. Welche aber Ihren eigenen Idealen mehr

entspricht, müssen Sie selbst entscheiden, wie z. B. Fleisch zu essen oder kein Fleisch zu essen. Beide Lebenshaltungen sind in der heutigen Gesellschaft schon als „normal" verankert. Leben Sie jedoch vegan, stößt dies bei den Mitmenschen oft (noch) auf Unverständnis, egal, aus welchem Grund. Doch nun betrachten Sie erst einmal einige Gebiete, die Sie so vielleicht noch nicht gesehen haben.

MEDIENKONSUM

Fangen wir mit etwas an, mit dem wirklich jeder tagtäglich konfrontiert wird: den Medien. Sei es die Zeitung jeden Morgen auf dem Frühstückstisch, das Radio, das während der Autofahrt oder dem Kochen läuft, Zeitschriften in Wartezimmern oder abends der Fernsehbildschirm, der das Wohnzimmer erhellt. Wir werden so oft mit ihnen konfrontiert, dass sie zu unserem Alltag schon dazugehören wie das Zähneputzen am Morgen. Dieser Konsum ist für viele unentbehrlich, um vom Smartphone, Social Media, Werbung oder Shopping ganz zu schweigen.

Aber warum ist er so unentbehrlich? Weil wir zum einen immer auf dem Laufenden bleiben wollen. Wir lesen, hören oder sehen Nachrichten aus der

Umgebung, bundes- und sogar weltweit. Wir bekommen Informationen über das Wetter, den Verkehrsfunk und Veranstaltungen. Zum anderen werden wir unterhalten: mit Comedy, Musik, Filmen oder Shows. Ein All-in-One-Paket sozusagen, wo unserer Neugierde auf Informationen keine Grenzen gesetzt sind. Das macht es so leicht, wirklich viele Massen auf einmal zu erreichen.

Bei einem Prime-Time-Film läuft, sagen wir mal, durchschnittlich 5x eine 5-minütige Werbepause, also 25 Minuten Werbung. Zeit, in der viele verschiedene Artikel oder Dienstleistungen angepriesen werden, wovon Sie sich irgendwann sicher schon einmal etwas geleistet haben. Es wird aber auch auf kommende Filme im Programm aufmerksam gemacht. Bei denen sehen Sie dann wieder 25 Minuten lang Werbung, obwohl Sie doch eigentlich nur einen spannenden Film genießen und dann ins Bett gehen möchten.

Wenn Sie die Werbung leid sind, steigen Sie auf Streaming-Angebote online um. Doch egal, welche Auswahl Sie dort treffen, selbst hier sind Sie nicht sicher vor der Beeinflussung von außen.

Im amerikanischen Film „Contagion" aus dem Jahr 2011 geht es z. B. um ein Virus, das sich über die Luft überträgt und rasend schnell auf dem ganzen Globus ausbreitet. Einigen Meinungen nach ähnelt der Film jedoch zu sehr der weltweiten Corona-Pandemie, welcher Virus das erste Mal (offiziell) Ende 2019 in China nachgewiesen wurde. Übrigens genau wie im Film ... war das etwa eine unterbewusste Vorbereitung der Bevölkerung seitens der Regierung auf die Pandemie oder doch nur ein dummer Zufall?

POLITIK

In den Nachrichten wird alles verkündet, was Sie wissen müssen? Falsch gedacht! Was würden Sie sagen, wenn Sie erfahren, dass alles, was bei uns durch offizielle Medien ankommt, von der Regierung vorgeschrieben bzw. zensiert wird? Na gut, alles, bis auf unumstößliche Fakten wie die Wettervorhersage, den Verkehrsfunk und die Todesanzeigen. Sie sagen vollkommener Blödsinn?

Die Presse-Freiheit ist nicht überall so groß wie in Deutschland. In vielen Ländern der Welt dürfen die Menschen ihre freie Meinung nicht einfach so sagen oder ausleben. Vor allem politische Inhalte werden oft zensiert, was z. B. Korruption, Polizeibrutalität, Wohlstandsunterschiede, Lebensmittelskandale, Religionen und vieles mehr betrifft. Es wird strikt kontrolliert, was die Bevölkerung täglich in digitalen Netzwerken postet oder auch nur likt, und jene, die sich nicht an die von der Regierung vorgegebenen Ideale halten, werden strafrechtlich verfolgt.

China ist z. B. ein sehr heißes Pflaster. Kein Land hat ein so ausgeklügeltes System zur Internetüberwachung. Rund um die Uhr werden dafür mehr als 30.000 Polizisten eingesetzt. In der 93-jährigen Oscar-Geschichte bekam Chloé Zhao im April 2021 als erste Frau Chinas die goldene Statue für ihren Film „Nomadland" überreicht. Noch dazu gewann erst zum zweiten Mal eine Frau den Preis für die beste Regie. Anfang März wurde sie für die Auszeichnung bei den Golden Globes sogar noch als „Chinas Stolz" gefeiert. Jedoch machte dann ein altes Interview mit Zhao die Runde, in dem sie Ihr Heimatland (berechtigterweise?!) als „Ort der Lügen" kritisierte.

Daraufhin wurde sämtliche Berichterstattung und Werbung über ihren Film gelöscht, auch auf den sozialen Medien, und im April wurde die Nacht der Oscars in China nicht übertragen. Warum? Weil sie eine berühmte Persönlichkeit ist, die genug Aufmerksamkeit vom Volk bekommt und die Regierung Angst vor Massenprotesten, gefolgt von Ausschreitungen usw. hat.

Und so passiert es auch in unserem Heimatland, nur eher auf die sanfte Tour.

Wenn Sie also das nächste Mal eine Debatte mit Politikern über brisante Themen verfolgen, fragen Sie sich immer, welchen Nutzen sie daraus ziehen wollen und wie sich das alles auf Ihre Umwelt auswirkt. Will er nur einen guten Wahlkampf führen oder wirklich etwas Gutes bewirken? Unter anderem wird Klimaschutz immer größer geschrieben, aber können Sie auch mit den Folgen leben? Dass z. B. der Literpreis für Kraftstoff ins Unermessliche steigt, obwohl Sie auf ein Auto angewiesen sind, Ihr Verdienst aber gleich bleibt?

Um die Familie richtig ernähren zu können, was ebenfalls ein essenzieller Bestandteil im Leben ist, müssen Sie genug Geld verdienen. Dies ist ein gutes Druckmittel der Politik, um so einiges zu steuern. Nicht nur, um etwa die Steuereinnahmen für den Staat, sondern z. B. auch die Bildung zu beeinflussen. Je besser die Bildung eines Menschen ist, umso mehr Möglichkeiten hat er später auf dem Arbeitsmarkt und kann so meist auch mehr verdienen. Mehr Verdienst fördert wiederum die Steuereinnahmen, den Konsum und damit Wirtschaft und Handel, wo wir wieder beim

Anfang wären: dem Geld. Wie Sie sehen, dreht sich die Spirale immer weiter und weiter.

RELIGION

Politik wiederum wird auch oft von der Religion beeinflusst, welche in dem betroffenen Land hauptsächlich gelebt wird, denn einige grundsätzliche Denkweisen durch die Religionszugehörigkeit gehen von klein auf ins Blut über. So essen Muslime und Juden kein Schwein, die Buddhisten jedoch keine Kuh. Das ist erst einmal keine Massenpsychologie, aber wenn sie wegen einiger Meinungsverschiedenheiten gegenseitig aufeinander losgehen, dann schon. Natürlich kommt es immer darauf an, wie tolerant die Gruppen gegenseitig sind.

In Deutschland gibt es mittlerweile zahlreiche Moscheen, im Gegenzug dazu war 2019 Baubeginn der ersten christlichen Kirche seit fast 100 Jahren in der Türkei. Ganz einfach, weil Deutschland kulturell aufgeschlossener ist. Dies kommt zwar nicht von irgendwo her, sondern liegt auch mit an Deutschlands Vorgeschichte durch Hitler, der ein Trümmerfeld an sozialer Integrität hinterließ, welches es wieder aufzubauen gilt. Aber auch ohne solche Vorgeschichten ließe sich so vieles verbessern. Sogar ganz leicht: Wenn einfach nicht immer alle auf ihrem Recht beharren würden, sondern stattdessen lieber friedlich miteinander einen Kompromiss zu finden versuchen.

BILDUNG

Kompromisse zu schließen, ist eine wunderbare Möglichkeit, Streitigkeiten zu beenden oder deren Eskalation zu verhindern. Sie sind aber nicht jedermanns Sache, dazu braucht es einen gesunden Menschenverstand, um die Folgen einschätzen und akzeptieren zu können. Unser Verstand entwickelt sich, wie gesagt, schon von klein auf. Dabei ist nicht nur das Elternhaus, sondern vor allem auch die Schul- und Sozialbildung ein wichtiger Einfluss.

Elternhaus: Eltern sind einer der größten Einflüsse auf unser Leben. Sie begleiten uns von Anfang an und sind unser erstes Vorbild, von dem man sich vieles abschaut. Je besser die Bildung der Eltern, umso besser wird also auch der Werdegang der Kinder sein. Weniger gebildete Menschen sind oft schon damit zufrieden, wenn ihr Kind die nächste Jahrgangsstufe erreicht, weil sie es selbst nicht anders kennen. Dies wirkt sich natürlich auch auf alles andere aus und die Spirale dreht sich wieder weiter.

Schulbildung: Hier lernen Sie alle grundlegenden Dinge, die Sie zum Leben brauchen. Vom Rechnen, Lesen und Schreiben in der Grundschule bis hin zur Berufsschule oder Universität, wo Sie alles lernen, was mit einer bestimmten Fachrichtung zu tun hat. Je aufmerksamer Sie dort sind, umso mehr bleibt am Ende dann auch hängen. Aufmerksamkeit lernen Sie wiederum auch mitunter von den Eltern.

Sozialbildung: Diese entwickeln Sie so gut wie überall. Es fängt damit an, ob Sie mit Geschwistern oder ohne aufwachsen, geht wieder über den Schul- und Berufsalltag, wo man mit Klassenkameraden und Kollegen umgehen muss, bis hin zu Freunden, welche man sich selbst aussucht. Verkehrt man in eher schlechten Kreisen, landet man schnell auf der schiefen Bahn. Pflegt man lieber Umgang mit gebildeteren Menschen, ist man schneller erfolgreich. Wobei das eine das andere nicht ausschließt.

SPORT

Je nach Bildungsgrad entwickelt sich dann auch ein gewisser Erfolgsdruck. Dieser kann an diversen Stellen entstehen, z. B. in der Schule, im Job oder auch beim Sport. Sport gehört heute zu jeder gesunden Lebensweise dazu. Nicht nur, um z. B. Gewicht zu verlieren, sondern vielmehr auch zum psychischen Stressabbau, etwa nach Feierabend oder einfach nur zum Auspowern. Die meisten machen das allein oder zu zweit, es soll nur die Fitness verbessert werden und Spaß machen. Wieso also Erfolgsdruck? Es gibt genügend Menschen, denen Fitness und Spaß einfach nicht reicht. Sie haben so viel Druck in sich, warum auch immer, und müssen überall die Besten sein, sich ständig mit anderen messen. Dafür gehen sie dann zu Wettkämpfen, wo viele Gegner warten und oft Frust herrscht. Es kann immer nur einer der Beste sein und wo bleibt da der Spaß-Nutzen-Ausgleich, wenn man bei so viel Konkurrenz nur selten gewinnen kann?

Der Nutzen einer Fußball-Weltmeisterschaft ist z. B. schnell erklärt: Wo immer Sie gerade sind und auch, wenn Sie Fußball eigentlich gar nicht schauen: Läuft ein WM-Spiel Ihrer Heimatmannschaft, sitzen Sie gespannt vorm Bildschirm und fiebern mit. Die WM verbindet einfach, menschlich und weltweit. Leider steckt aber wieder ein einfacher Grund hinter dem Ganzen: Sie wird für Profitzwecke ausgenutzt, weltweit! Dazu gehört der Verkauf von Fan-Artikeln

ebenso wie die überdimensionalen Preise für Eintritts-
karten bis hin zum Gewinnspiel auf einer Fußball-Edi-
tion-Chipstüte, um möglichst viele Chips zu verkaufen. Auch die Live-TV-Übertragung darf natürlich
nicht fehlen, um viele Menschen gleichzeitig vorm
Bildschirm zu haben und mit denselben Dingen zu
konfrontieren. Entweder wieder mit Werbung für Profit oder als Ablenkungsmanöver.

Als Profisportler lässt sich außerdem gutes Geld
verdienen. Die Preise für hochrangige Fußballspieler
sind inzwischen überdimensional. Allerdings altert der
menschliche Körper schneller, als er „in Rente gehen
darf". Wer Sport also zu seinem Beruf machen möchte,
sollte dabei ein paar Dinge beachten: Entweder Sie arbeiten sich auch zu einem hochrangigen Profisportler
hinauf (was allerdings sehr schwer ist, da die Konkurrenz so groß ist) und wirtschaften so gut mit dem vielen Geld, dass Sie anfangs verdienen, dass es für Ihre
Zukunft ausreicht, oder Sie machen den Sport sozusagen als „Nebenjob", damit Sie, wenn die Zeit gekom-
men ist, trotzdem mit Ihrem Hauptjob noch Ihren Le-
bensunterhalt verdienen können. Oder Sie wählen sich
eine Sportart aus, welche man auch im fortgeschritte-
nen Alter noch gut ausüben kann, z. B. Springreiten
oder Darts.

MUSIK

Auch die Musik begleitet uns täglich. Es gibt für jeden Menschen und auch für jede Situation die richtige Musik. Ob traurig, fröhlich, lustig, urig, kulturell, diverse Mindsets oder für Verliebte, egal, ob regional oder aus Übersee – Musik unterhält nicht nur uns selbst, sie verbindet uns in allen möglichen Lebenslagen. Doch auch hier finden Sie sich in der Massenpsychologie wieder. Ausschlaggebend ist der Bekanntheitsgrad des Künstlers. Wie Sie bereits wissen, ist Macht eine Art von Profit. Im Falle eines deutschland- oder weltweit bekannten Musikkünstlers ist es Macht über sehr viele Menschen, die ihn lieben und aus Sympathie seine Sichtweise der Dinge oft automatisch ebenfalls vertreten. Vor allem Jugendliche, welche gerade ihren eigenen Weg zu finden versuchen, stehen so unter großem Einfluss. In dieser Lebensphase entwickelt sich auch der eigene Geschmack, den man gern hört.

Doch auch Musikern wird von der Politik vorgeschrieben, welche Wörter sie z. B. nicht verwenden dürfen, was sie nicht sagen oder sogar was sie sagen sollen. Xavier Naidoo sprach im April 2020, also noch ganz am Anfang der Corona-Pandemie, in einem Interview über die sogenannten „Adrenochrom"-Kinder und dass die Pandemie nur vorgetäuscht würde, um z. B. solche Verbrecherringe auszuhebeln. Sofort wurde er als Verschwörungstheoretiker abgestempelt und diskreditiert. Nicht nur er, auch Prominente wie Sido, Til Schweiger, Attila Hildmann oder Sonja Zietlow äußerten sich ähnlich. Seither sieht und hört man auf offiziellen Medien so gut wie nichts mehr von diesen. Warum aber reagieren die Medien wegen eines (angeblichen) Fehltritts gleich so extrem? Richtig: weil sie von der Politik kontrolliert werden und die Regierung keine Lust auf Massenproteste hat.

UND NOCH SO VIELES MEHR

Mit diesen sechs Gebieten ist die Massenpsychologie aber natürlich nicht abgetan. Wie schon erwähnt, gibt es unendlich viele Möglichkeiten, in denen sie angewendet wird. Als kleiner Denkanstoß sind hier ein paar Schlagwörter. Überlegen Sie, was Ihnen dazu in Verbindung mit Massenpsychologie ein- oder auffällt:

Klima – Umwelt – Autoindustrie – Lithium-Abbau – Soja – Essen – Kleidung – Shopping – Urlaub – Auswandern – „Schwellenländer" – Hygiene – Krankheitswesen – Pharmaindustrie – Tierversuche – Raumfahrt – Weltfrieden.

Allein, wenn man den Klima-Aspekt betrachtet, kommen sofort einige Gedanken: Die Menschheit sollte sparsamer mit den Ressourcen umgehen, die wir von Mutter Erde bekommen. Greta Thunberg aus Schweden, die wohl jüngste Klimaschutzaktivistin aller Zeiten. Die Natur nimmt sich immer, was sie will. Keiner ist vor Umwelt-Katastrophen geschützt. Aber wenn es dann ein Land ganz schlimm trifft, halten plötzlich alle zusammen und helfen sich gegenseitig. Warum muss dafür immer erst eine Katastrophe passieren?

In der Tierwelt lässt sich Zusammenhalt immer wieder schön beobachten. Feuerameisen bilden im Wasser z. B. sofort gemeinsam ein einheitliches „Rettungsboot", um sich zu helfen. Wenn viele Menschen auf einmal in Seenot geraten, suchen sie sich reflexartig etwas, worauf sie sich stützen können. So tauchen sie sich gegenseitig unter, um egoistisch ans eigene Überleben zu denken, und am Ende überleben nur die wenigsten. Aus den Feuerameisen wollen Wissenschaftler nun aber doch einen Nutzen ziehen. Sie untersuchen ihren „Rettungsbootsbau" zur Verbesserung des Roboter-Baus. Aber ob das der richtige Ansatz der menschlichen Weiterentwicklung ist?

TIPP: Um die Zusammenhänge besser zu verstehen, denken Sie einfach ein paar solcher Szenarien durch: In welches Gebiet fällt das eigentliche Problem? Was ist das genaue Ziel? Die eigenen Ideale zu verallgemeinern, um jemanden körperlich oder geistig zu schützen, ein Ablenkungsmanöver zu starten oder für Profit in Form von Macht oder Geld? Informieren Sie sich gründlich, wenn Sie nicht sicher sind. Dies ist ein gutes Training, wenn Sie sich zum ersten Mal mit Massenpsychologie befassen. Je öfter Sie das tun, umso routinierter reagiert Ihr Gehirn automatisch, wenn Sie zukünftig in unsichere Situationen geraten.

Verschiedene Blickwinkel der Massen-psychologie

FRÜHER UND HEUTE

Ganz früher ging es grundlegend immer eher ums Überleben. Man musste den ganzen Tag schuften, um abends etwas auf dem Teller zu haben. Die Zielorientierung des Gehirns lag also auf einem anderen Schwerpunkt und auch die Rollenverteilung innerhalb der Familie war klar und deutlich. Frauen kümmerten sich um den Haushalt und die Kinder; Kochen, Waschen, Putzen stand auf der Tagesordnung und war so für sie Routine. Fürs Essen brauchten sie kein Kochvideo, Google oder Rezept, alles war im Gehirn gespeichert und konnte aus dem Effeff abgerufen werden. Die Männer gingen Geld verdienen, um alle ernähren zu können, und handwerkliche Aufgaben lagen in deren Verantwortung. Außerdem wurden Respekt und Anstand noch großgeschrieben.

Der immer schneller werdende Fortschritt der Menschheit in Sachen Technologie, Wirtschaft, Politik und Philosophie jedoch verbesserte über die Jahre unsere Gesellschaft um so einiges. Heutzutage hat man deshalb den Luxus, sich auch mal ausruhen und faulenzen zu dürfen, ohne sich gleich große Sorgen machen zu müssen. Im Vordergrund steht jetzt keine Existenzangst mehr, weil im Notfall genug Hilfsangebote an verschiedenen Stellen angeboten werden. Die Emanzipation der Frauen ist nur ein Beispiel von vielen. Grundlegende Dinge wie Kochen oder Handwerkliches werden entweder von Frauen und Männern gleichermaßen verlernt oder die Rollen auch gern mal getauscht. Kinder wachsen mit weniger Druck auf, verlernen die einfachsten Anstandsregeln und bringen ihren Kindern wiederum noch weniger davon bei. Die Spirale dreht sich weiter und weiter ...

Die Sorge ums blanke Überleben ist also nicht mehr so stark vorhanden wie früher. Grundsätzlich ist dies eine positive Entwicklung, jedoch sind aber vor allem psychische Probleme die Folge. Nicht nur, weil man sich viel zu viele Gedanken und Sorgen um Dinge macht, die im Kern eigentlich gar nicht so schlimm sind, sondern auch wenig Sozialbindung verstärkt diese Probleme, wenn man z. B. viel allein ist. Nicht umsonst zählen heutzutage psychische Probleme zu einer der größten Volkskrankheiten.

Der Ansatz der Massenpsychologie hat sich somit natürlich auch geändert. Bei den beiden Weltkriegen war schön zu beobachten, wie leicht die eigene Bevölkerung beeinflusst werden konnte, um ein anderes Land in Schutt und Asche zu legen oder sich mit anderen zu verbünden, die einem selbst nutzen konnten. Die Soldaten dachten nicht darüber nach, dass ihr Feind auch Frau und Kinder zu ernähren hatte. Aus reiner Machtgier um ein Stückchen mehr Land wurden unendlich viele Leben ausgelöscht. Alles aufgrund simpler Argumente der Leitung der Masse und aus Angst vor Bestrafung bei Befehlsverweigerung.

Die Menschheit hat daraus gelernt, auch wenn die Auswirkungen vom Krieg noch bis heute spürbar sind. Es ist jedoch schon wieder ausreichend lange her, dass der heutigen Generation nicht mehr bewusst ist, welchen Schaden man mit diversen Aktionen anrichten kann. Der Film „Die Welle" mit Jürgen Vogel in der Hauptrolle zeigt, dass es heutzutage immer noch genauso schnell möglich ist, eine Masse zu beeinflussen. Nur eben unter veränderten Voraussetzungen und anderen Argumenten.

UNTERSCHIEDLICHE SOZIALSCHICHTEN

Durch den Fortschritt haben sich auch die Lebensumstände verändert. Wer geistig und emotional fit, lern- und wissbegierig ist, hat es um einiges leichter als jemand, der keine solche Stabilität im Leben hat. Nicht nur das eigene Engagement, sondern auch die Umstände, in welche man hineingeboren wird, machen vieles aus. Natürlich hat jeder von Geburt an die gleichen Chancen, sich „hinaufzuarbeiten", oft fehlt es aber an verschiedenen Stellen an Unterstützung. Nicht, weil es sie nicht geben würde, sondern weil man oft einfach zu stolz ist, Hilfe anzunehmen, aus Angst vor

Demütigung. Je nach Willensstärke entwickelt man sich also besser oder schlechter.

Die Spannweite der verschiedenen Sozialschichten wird so immer größer. Früher war man entweder arm oder reich, etwas dazwischen gab es so gut wie nicht. Heute gibt es immer mehr „dazwischen". Es fängt bei Armut an, geht über die Unter-, Mittel- und Oberschicht bis hin zu den Gutverdienern und Reichen. Armut herrscht vorwiegend in den sogenannten „Entwicklungs- und Schwellenländern". Diese werden nämlich meist von den Reichsten der Reichen ausgebeutet: durch Höchstleistung in der Massenproduktion unter schlimmsten Arbeitsbedingungen für einen Hungerlohn und auch leider immer noch durch Kinderarbeit. Und wofür? Für immer noch mehr und mehr Profit. Möglichst niedrige Produktionskosten führen zu erschwinglichen Preisen für die Unter-, Mittel- und Oberschicht, welche sich die „Premiumprodukte" nicht leisten können.

Die Reichsten bestimmen aus Egoismus den Markt, die Armen werden immer ärmer und die Reichen immer reicher. So wird die Menge in Schach gehalten. Der Schrei nach finanzieller Umverteilung wird aber immer lauter, weil die Armen von der übrigen Bevölkerung durch Berichterstattung in den Medien, was früher einfach noch nicht möglich war, immer mehr Aufmerksamkeit bekommen und es einfach unfassbar ist, dass woanders auf dem Planeten tatsächlich immer noch Menschen verhungern müssen. Die meisten wollen sich das nicht mehr gefallen lassen und etwas dagegen tun. Doch nur die Wenigsten helfen freiwillig und aus reiner Nächstenliebe, weil auch dafür oft wieder die finanziellen Mittel fehlen.

ALTER DER MENSCHEN

Auch das Alter der Menschen, welche beeinflusst werden sollen, spielt eine entscheidende Rolle. Dabei kann in drei Hauptgruppen unterschieden werden.

Kinder: Bei Kindern ist es wohl am einfachsten, sie zu lenken. Kinder orientieren sich immer an einem Vorbild und das Vorbild ist so gut wie immer ein Erwachsener. Was Erwachsene sagen, stimmt, und was sie machen, denken die Kinder auch machen zu dürfen. Sie verstehen in ihrer Entwicklungsphase noch nicht die ganzen Zusammenhänge, aus welchem Grund ein Erwachsener das schon darf, sie aber noch nicht. Sie sind stets wissbegierig und neugierig. Ganz nach dem Motto „Wieso? Weshalb? Warum? Wer nicht fragt, bleibt dumm!" Weil sie noch so unwissend sind, glauben sie natürlich alles, was man ihnen beibringt. Aus diesem Grund ist es auch leichter als bei Älteren, Kindern die eigenen Ideale zu vermitteln.

Heranwachsende: Ab einem gewissen Alter, ungefähr von der Teenagerzeit bis zur Mitte der Zwanziger, fangen wir an, zu rebellieren und die Dinge infrage zu stellen. Ein Vorbild brauchen wir zwar trotzdem noch, die Auswahl erfolgt aber eher unterbewusst. In dieser Entwicklungsphase entscheidet sich, wer wir einmal sein werden. Der Einfluss, unter dem wir stehen, ist also enorm wichtig. Die Argumente, mit denen man Heranwachsende beeinflussen will, müssen schon etwas konkreter, begründeter und nachvollziehbarer sein als die für ein Kind.

Erwachsene: Als Erwachsener ist die geistige Entwicklung so weit abgeschlossen, dass wir meist intuitiv wissen, was gut und was schlecht ist. Wir sind in der Lage, bewusst zu entscheiden, wie wir uns verhalten, und können die Konsequenzen unseres Handelns voraussehen. Dadurch sind wir bei neuen Meinungen stets skeptisch und brauchen erst einmal genug gute Argumente, um unser Verhalten oder unsere Denkweise zu ändern. Die eigene Denkweise entwickelt sich also trotzdem immer wieder ein bisschen weiter, je nachdem, welche Erfahrungen wir im Leben machen. Zwar nicht so leicht wie als Kind oder Jugendlicher, doch sie verändert sich. Langsam aber sicher, Stück für Stück.

PRIVATER ODER BERUFLICHER EINFLUSS?

Bevor Sie jemanden in eine bestimmte Richtung lenken wollen, wissen Sie von vornherein, ob dieser Jemand zu Ihrem Familien- oder Freundeskreis zählt oder das Ganze auf beruflicher Ebene stattfinden soll. Dabei gibt es große Unterschiede in der Herangehensweise.

Beruflich: Im Berufsleben gibt es viele verschiedene Varianten, wie Kollegen miteinander umgehen. Die Hierarchiestufen sind aber immer unverwechselbar eingeteilt: Eigentümer/Chef, Geschäftsführer, Abteilungsleiter, Schichtleiter, Fachkraft, Mitarbeiter, Auszubildende. Je nach Firmenphilosophie reicht der Umgangston jedoch von familiär bis zu eiskalt. Seien Sie sich bewusst, an welcher Stelle der Hierarchie Sie stehen und wen Sie beeinflussen wollen. Ist es jemand unter oder über Ihnen? Können Sie auf emotionaler Basis miteinander sprechen oder müssen Sie stets sachlich und konkret bleiben? Das müssen Sie von vornherein wissen, um Ihre Argumente richtig verdeutlichen zu können.

Privat: Geht es um Ihre Familie und/oder Freunde, kennen Sie Ihr Gegenüber in der Regel schon gut und wissen, wie Sie ihn oder sie beeinflussen können. Hier dürfen Sie nicht vergessen, dass die Gespräche zwar sachlich verlaufen können, aber im Hinterkopf eines jeden stets eine emotionale Reaktion schlummert. Ob Sie diese Reaktionen alle bemerken werden, bleibt fraglich. Nicht jeder gibt sofort die komplette eigene Meinung preis; oft werden Gegenfragen nicht direkt gestellt, sondern eher um den „heißen Brei" herumgeredet, um Sie aus der Fassung zu locken. Sie müssen also auf emotionaler Ebene selbst stark bleiben und dürfen nicht ausfallend werden, wenn Ihnen die Gegenwehr einmal so gar nicht passt, selbst, wenn Sie es sich vielleicht leisten könnten, ohne dass es Ihnen übel genommen wird, denn dann verspielen Sie den Vorteil, den Sie sich mit den bereits besprochenen Themen eventuell schon verschafft haben, und alles, was noch kommt, rückt von da an in ein anderes Licht oder wird von einem falschen Blickwinkel betrachtet.

GEISTIGE VERFASSUNG

Egal, ob jung oder alt, reich oder arm, beruflich oder privat: die geistige Verfassung Ihres Gegenübers, also das Denkvermögen und der Verstand, ist ausschlaggebend für seine Reaktionen. Arme Menschen können genauso klug und fröhlich sein, wie Reiche unzufrieden und dumm. Wie die emotionale Lage der Masse gerade ist, welche auch enorm wichtig ist, können Sie bereits an der ganzen Mimik und Gestik erkennen. Bei einer Trauerfeier werden Sie sicher ein anderes Bild vor Augen haben als bei einer Hochzeit. Der Umgangston und einfach die ganze Herangehensweise muss dann grundlegend unterschiedlich sein.

Eher schwach: Geistig schwach bedeutet nicht gleich eine geistige Behinderung, sondern viel mehr einen negativen emotionalen Zustand. Diese Menschen lassen sich grundsätzlich leichter lenken. Meist sind sie über etwas verärgert, traurig oder nicht einverstanden mit einer gewissen Art und Weise, wie die Dinge gehandhabt werden. Aus welchen Gründen auch immer sind sie leichtgläubiger bei gewissen Sachen und lassen sich schnell zu etwas bewegen, was sie unter normalen Umständen nicht machen würden. In diesem Moment wünschen sie sich nur Veränderung.

Eher stark: Bei geistig starken Menschen wird es schon etwas schwieriger, sie zum Umdenken oder Anders-Handeln zu bewegen. Meist sind sie von der eigenen Meinung so stark überzeugt, dass sie einem nicht einmal richtig zuhören, obwohl es noch großes Verbesserungspotenzial gäbe. Dies liegt daran, dass wir uns heutzutage Egoismus leisten können, ohne groß etwas Schlimmes erwarten zu müssen, und dabei leider die meisten ihre Mitmenschen vergessen. Die eigene Meinung wird ohne Rücksicht vor Verlusten vorangetrieben.

GRÖßE DER MASSE

Je größer die Masse, umso leichter verliert der Mensch seine rationale Kritikfähigkeit und lässt sich von den Gefühlen der Gleichgesinnten anstecken. Wie Sie schon gelernt haben, ist eine körperliche Anwesenheit aber nicht zwingend notwendig, um eine Masse zu bilden. In sozialen Netzwerken lassen sich immer mehr solcher Gruppen erkennen. Hintergrund ist aber auch dort die Anonymität im Internet, hinter der sich viele verstecken können. Außerdem sinkt die Hemmschwelle dort noch mehr, als würde man jemandem direkt gegenüberstehen. Es kann zwar niemandem auf körperlicher, dafür aber umso mehr auf emotionaler Ebene geschadet werden.

Sie stellen sich die Frage, welche Größe die Masse hat, die Sie beeinflussen möchten? Dies wäre der falsche Denkansatz, wenn Sie wirklich etwas bewirken wollen, denn in der Ruhe liegt die Kraft: Fangen Sie klein an, bei einer, zwei oder mehreren Personen, arbeiten Sie sich vor zu kleineren Gruppen bis hin zur gewünschten Masse. Aller Anfang ist schwer und so können Sie erst einmal etwas „üben", z. B. im Kreis der Familie und Freunde. Merken Sie schon ganz zu Beginn, dass Ihre Sichtweise nicht auf andere übergeht, brauchen Sie gar nicht erst weitermachen, sondern sollten herausfinden, woran dies liegt. Entweder an Ihrer Argumentation, der Kommunikation oder der Zielgruppe. Diese können dann nochmals angepasst werden. Hilft alles nichts, sollten Sie Ihr Thema überdenken und noch mal von vorn starten. Wenn Sie anfangs gleich an der Öffentlichkeit „üben", weil Sie zu sehr von sich überzeugt sind, verspielen Sie den ersten Eindruck und der ist pures Gold wert.

Läuft es im kleinen Kreis dagegen gut, haben Sie bereits das erste kleine Ziel geschafft. Je mehr Menschen von Ihrer Meinung überzeugt sind, desto größer schlagen die Wellen. Wenn fünf Leute nun der gleichen Meinung sind und jeder davon zwei neue Personen zum nächsten Gespräch mitbringt, haben Sie bereits am zweiten Tag 15 aufmerksame Zuhörer, beim nächsten Mal 45 und so weiter. Natürlich müssen Sie auch mit Verlusten rechnen, denn je detaillierter Ihre Argumente werden, umso mehr Leute werden auch etwas finden, mit dem Sie nicht einverstanden sind. Jedoch ist der Verlust von wenigen im Vergleich zum Wachstum nur ein Tropfen im Meer, welcher Sie nicht weiter stören muss. Allen kann man es schließlich nie gleichzeitig recht machen!

WELCHE ABSICHTEN WERDEN VERFOLGT?

Grundsätzlich kann man Absichten in zwei Kategorien einteilen: gut und schlecht. Welche Absichten verfolgt werden, ist jedoch oft sehr schwer herauszufinden. Vor allem, wenn man selbst beteiligt ist, denkt man schnell nicht mehr rational. Am ehesten erkennen Sie dann noch die Konsequenzen für sich selbst, höchstens noch für die der geschlossenen Masse, aber niemals alle Folgen für die, die eine andere Meinung haben. Selbst, wenn Sie die gesamte Spannbreite der Folgen erkennen sollten, wäre es Ihnen herzlich egal, weil Ihr Wille im Vordergrund steht und alles andere in Ihren Augen falsch erscheint.

Für Außenstehende ist es hingegen viel leichter, die Konsequenzen vollends zu erfassen, weil diese nicht im Massenkörper „gefangen" sind und eine ganz andere Sichtweise der Dinge haben. Deshalb ist es im Falle von Unsicherheit ab und an gut, wenn man jemanden zurate zieht, der nicht in der Materie steckt. Das Blickfeld von Außenstehenden ist viel breiter und der Fokus liegt eher noch auf dem Nutzen für alle miteinander.

SELBST LENKEN ODER GELENKT WERDEN?

Zur guter Letzt gibt es einen gewaltigen Unterschied dazwischen, selbst zu lenken und gelenkt zu werden. Wenn Sie selbst jemanden überzeugen wollen, dann entscheiden Sie dies meist ganz bewusst selbst. Sie kennen Ihr Ziel genau und jede Entscheidung, die Sie treffen, soll Sie bewusst dorthin führen.

Sie merken aber auch oft nicht einmal, dass Sie gerade beeinflusst werden, zum Beispiel beim Medien- und Nachrichtenkonsum, wie Sie bereits festgestellt haben. Seien Sie also bei manchen Dingen etwas skeptischer und glauben Sie nicht gleich alles, was Sie hören, denn meist steckt viel mehr dahinter, als Sie denken.

TIPP: Wenn Sie oft die Meinungen anderer nicht verstehen können, versetzen Sie sich für fünf Minuten in deren Lebenslage. In welcher Sozialschicht lebt derjenige, was könnte er sich alles leisten? Wie alt ist er oder sie? Kennen Sie sich privat oder nur beruflich? In welcher geistigen Verfassung befindet er sich? Außerdem macht jeder unterschiedliche Lebenserfahrungen und dementsprechend anders entwickelt sich jede persönliche Denkweise.

Reaktionen im Vergleich

JEDER MENSCH REAGIERT UNTERSCHIEDLICH

Je nach Lebenssituation, Erfahrungen und Selbstbewusstsein reagiert jeder Mensch unterschiedlich. Jemand, der sich stets korrekt und freundlich verhält, kann durch irgendeinen Schicksalsschlag plötzlich permanent schlechte Laune haben. Außerdem hat jeder seine eigene Komfortzone, die man in der Regel nur im Notfall verlässt. Bei einer Massenansammlung fällt eine einzelne Reaktion oder Meinung entweder gar nicht auf oder schlägt große Wellen, je nachdem, wie hoch die Beachtung für die Ursache in deren Radius ist. Die geistige Verfassung, also eher schwach oder stark, beeinflusst die Beachtung dabei besonders.

MIT DEM STROM SCHWIMMEN

Stets versuchen wir, es allen anderen recht zu machen, und stellen dadurch unsere eigenen Bedürfnisse in den Hintergrund. Wir kritisieren uns selbst und werten uns ab, obwohl wir auch mal eine bessere Idee hätten. Regeln werden starr eingehalten, statt selbstbewusst den eigenen Weg zu gehen und so bleiben wir dauerhaft unter unseren Möglichkeiten. In ihrem Buch „Mindfuck" analysiert Petra Bock das Phänomen der mentalen Selbstsabotage. Ein guter Lesetipp, um Ihr wahres Potenzial auszuschöpfen.

Mit wenig Selbstbewusstsein und -vertrauen schwimmt man automatisch lieber mit dem Strom. Ganz nach dem Motto „bloß keine Aufmerksamkeit auf mich ziehen". Als Mitläufer sind Sie zwar nur ein kleines Individuum inmitten einer großen Menschenansammlung, allerdings benötigt es viele davon für eine gute Stabilität. Zustimmung ohne jegliche Gegenwehr wünscht sich jeder, der eine Masse anleitet oder

unterhält. Durch viel Zustimmung wächst der gemein-
schaftliche Zusammenhalt enorm und auch die Bereit-
schaft, etwas im körperlichen Sinne zu schaffen. So
können viele schöne Dinge entstehen, wie eine La Ola
im Fußballstadion. Ein Musiker kann zum Spaß eine
Runde „crowdsurfen" oder, was ebenfalls schon des
Öfteren geschah, auf einem proppenvollen Festival
eine in Ohnmacht gefallene Person schnell nach außen
„transportiert" werden. Die Hilfsbereitschaft steigt
also auch viel höher, als würde man allein dastehen.

So weit, so gut, aber wie Sie schon gehört haben,
kann eine Masse auch sehr schnell panisch und/oder
zerstörerisch werden. Das passiert ganz einfach, weil
man sich in der Masse zu schnell mitreißen lässt, ohne
es überhaupt zu hinterfragen. Dies kann ein Klassenzimmer voller Schüler sein, welche wegen einer kleinen Andeutung des Lehrers in Panik vor einer Extem-
porale verfallen, obwohl es dann doch keine gibt, und
sich dadurch sinnlos Sorgen machen.

Es kann aber auch eine Massenpanik ausgelöst
werden, wie 2010 in Duisburg. Der Hauptfehler lag
wohl bei der Planung im Vorfeld, weil viel mehr Menschen als erwartet das Festival besuchen wollten. In einem Zugangstunnel wurde das Gedränge dann zu
stark. Es entstand ein allgemeines Druckgefühl,

wodurch einige in Panik gerieten und der Dominoef-
fekt leider vorprogrammiert war. Bei der Loveparade
wurden damals 21 Menschen todgetrampelt und mehr
als 650 verletzt.

GEGEN DEN STROM SCHWIMMEN

Wer stets an allem etwas auszusetzen hat, kein Blatt
vor den Mund nimmt und grundsätzlich alles hinter-
fragt, obwohl er eigentlich gar keinen Grund dazu hat,
schwimmt praktisch gegen den Strom. Nicht selten
zählen dazu eher Ungebildete, weil ihnen das nötige
Hintergrundwissen fehlt. Aber auch Hochgebildete
mit viel Selbstbewusstsein sieht man immer mehr und
offensichtlicher als früher gegen den Strom schwimmen. Mit einer Masse kann man so viel Gegenwehr er-
zeugen; Gleichgesinnte suchen und verbünden sich
immer schneller – wie ein Laubfeuer, das nicht aufzu-
halten ist.

Beispiel: Die hochgebildete Person mit viel Selbst-
bewusstsein ist in unserem Fall ein Politiker. Ist sein
Ziel, die Klimasituation zu verbessern, zieht er viele
„gute" Wähler auf seine Seite und sorgt für ein gutes
Image, weil das Thema den meisten am Herzen liegt.
Hat er jedoch nur die Absicht, andere Politiker oder

Parteien zu stürzen und selbst aufzurücken, gewinnt er nur durch „Schlechtmachen" und Hetze gegen die anderen. Er gewinnt aber eher den weniger gebildeten Teil der Bevölkerung, weil diese oft nur sehen, was schlecht läuft, und nicht das, was gut läuft. Bei beiden Massen schwimmen zwar erst einmal beide Sichtweisen mit dem Strom, aber die unzufriedene schwimmt mental gegen den Strom der Regierung und Gesetze.

EIGENE MEINUNG BILDEN

Das Geheimnis liegt darin, einen gesunden Mittelweg der beiden zu finden. Glauben Sie nicht immer sofort alles, was Sie hören. Informieren Sie sich selbst, wenn Sie sich bei manchen Dingen unsicher sind. Verlassen Sie sich nicht automatisch auf die Meinung anderer, denn jeder liegt mal falsch. Bleiben Sie in einer Masse eher außen vor, vorsichtig und skeptisch. Dadurch sind Sie zwar etwas schwerer zu überzeugen, aber es ist nicht unmöglich und Sie können besser bewerten, inwiefern Sie etwas näher an Ihr eigenes Ziel bringt oder Sie davon entfernt.

Beispiel: Durch die Corona-Pandemie wurden die Protestanten der „Querdenker"-Demonstrationen immer lauter. Sie sehen sich das Ganze auch mal an, rein interessehalber. Prinzipiell haben die Veranstalter starke Argumente, mit denen sie beim Publikum anfangs viele Sympathiepunkte sammeln. Doch dann animiert der Redner zum Ausruf „Wir sind das Volk" und alle rufen im Chor lauthals mit. Plötzlich sind Sie inmitten einer Masse, welche eine politische Parole aus DDR-Zeiten schreit. Sie fühlen sich zunehmend unwohler und fragen sich, ob Sie unter lauter rassistischen, rechtspopulistischen Demonstranten stehen. Wahrscheinlich nicht, denn sicherlich wollten sich viele andere die Sache auch nur einmal ansehen. Je nach geistiger Verfassung lassen sich aber immer mehr von der Masse mitreißen. Jetzt müssen Sie sich entscheiden: bleiben und etwas unterstützen, was absolut nicht Ihren Idealen entspricht, oder die Veranstaltung verlassen. Es gibt nur diese zwei Möglichkeiten.

RISIKEN UND CHANCEN

Alle drei Möglichkeiten bieten Ihre Risiken und Chancen, die einen mehr, die anderen weniger. In welche Kategorie Sie fallen, finden Sie in der Regel schnell selbst heraus.

Mit dem Strom: Die Risiken für Sie sind sehr gering. Wenn Sie mit Ihrem Leben rundum zufrieden sind, haben Sie auch wenig Grund, etwas verändern zu wollen. Im Normalfall passiert Ihnen nichts und Sie können sich in Ihrer Komfortzone verkriechen wie in einem Schneckenhaus. Die Chance auf Veränderung irgendwelcher Umstände ist sehr klein. Ohne Veränderung gibt es zwar keine Verschlechterung der Dinge, jedoch auch keine Verbesserung. Wollen Sie also endlich etwas verbessern, sollten Sie eine der beiden anderen Möglichkeiten in Betracht ziehen.

Gegen den Strom: Das Risiko von großer Gegenwehr ist hier sehr hoch. Diskussionen sind vorprogrammiert und Sie brauchen viele gute Argumente, sonst verlieren Sie. Die Chance auf Veränderung ist hier schon größer, aber noch etwas schwer umzusetzen. Doch wenn Sie niemals aus sich herauskommen, dürfen Sie sich auch nicht darüber beschweren, dass sich nichts verändert. So einfach ist das.

Eigene Meinung: Wer es schafft, sich eine eigene Meinung zu bilden, hat gleichermaßen Risiken und Chancen. Das Einschätzungsvermögen wird nicht nur durch persönliche Erfahrungen trainiert, sondern auch, je mehr man sich selbst informiert. Denn nur, wer mehrere Blickwinkel kennt, kann die Folgen für alle am besten verstehen.

Zu einer dritten, ganz anderen Meinung zu stehen, mag für manche Menschen kein Problem sein. Dazu braucht es aber eine große Portion Selbstbewusstsein, um mit der Gegenwehr, auf die man stößt, gut umgehen zu können. Wenn dies nicht der Fall ist, sollte man sich lieber fügen oder außen vor bleiben, um keinen psychischen oder gar physischen Schaden davonzutragen.

Wollen Sie eine Masse wirklich beeinflussen, müssen Sie vor allem das richtige Einschätzen lernen: von bestimmten Situationen, Menschen und deren aktueller Einstellung oder Lebenssituation. Ihnen müssen aber auch die gesamten Risiken und Folgen Ihres Handelns oder Nichthandelns, nicht nur gegenwärtig, sondern auch zukünftig, vollends bewusst sein.

TIPP: Finden Sie heraus, in welche Kategorie Sie sich aktuell am ehesten einreihen können. So erkennen Sie zukünftig schneller die Art und Weise, wie Sie selbst von außen beeinflusst werden. Wenn Sie etwas daran ändern wollen, bedenken Sie alle Risiken und Chancen. Vor allem durch ein gesundes Selbstbewusstsein werden Sie schon gut vorankommen. Seien Sie sich aber auch allen Konsequenzen Ihres Handelns oder Nichthandelns bewusst.

In nur 10 Schritten mehr kommunikativen Erfolg

Sie machen sich selbstständig und wollen Ihr Produkt optimal anpreisen? Sie haben gerade frisch als Lehrer angefangen und möchten den für Sie persönlich besten Unterrichtsstil herausfinden? Oder wissen Sie nicht, wie Sie ein solches oder ähnliches Problem lösen sollen? Dieser 10-Schritte-Umsetzungsplan hilft Ihnen dabei, ein Gespräch leichter zu lenken und Ihr Ziel etwas schneller zu erreichen.

SETZEN SIE SICH EIN ZIEL

Der wichtigste Punkt ist der allererste: Überlegen Sie sich, was konkret Ihr Ziel ist. Dazu analysieren Sie die Situation, um sie genau zu verstehen, und finden dabei heraus, aus welchem Grund Sie dieses Ziel erreichen wollen. Dies ist fundamental für alle folgenden Schritte und sollte jede Ihrer zukünftigen Entscheidungen beeinflussen.

Beispiel: Sie machen sich selbstständig und wollen einen Werbespot senden. Was soll dieser Spot aber aussagen? Wollen Sie nur ein Produkt anpreisen? Warum? Weil es etwas Revolutionäres ist, das in keinem Haushalt fehlen darf, oder einfach nur, um möglichst viel Profit zu machen? Oder möchten Sie „nur" auf die Neueröffnung aufmerksam machen? Warum? Weil es tolle Sonderangebote gibt oder nur, um zu sagen: „Hey, ich bin neu!"? Um nicht zu vergessen: Wo wollen Sie den Werbespot senden lassen? Im Radio oder Fernsehen, auf den regionalen Sendern oder bundesweit, oder doch nur eine Printwerbung? Und welches Publikum wollen Sie ansprechen? Legen Sie alle wichtigen Kriterien von Beginn an fest.

ERKENNEN SIE DIE RISIKEN UND CHANCEN

Etwas zu verändern, bringt viele Chancen zur Verbesserung mit. Seien Sie sich aber darüber im Klaren, welche Konsequenzen Ihr Handeln hat. Idealerweise läuft bei Ihrem Vorhaben am Ende alles so, wie Sie es sich gerade wünschen. Das ist Ihr Ziel, welches Sie sich in Schritt 1 gesetzt haben. Aber das Leben ist ein kontinuierlicher Verbesserungsprozess. Sollen diese Umstände also für die Zukunft Bestand haben und quasi immer so bleiben, oder wäre es nicht doch besser, wenn sich die Situation künftig (immer mal) wieder verändert oder Sie sich ein Hintertürchen offen stehen lassen?

Welche Folgen hat es, wenn Ihr Vorhaben scheitert? Sie müssen die Risiken vollends erkennen, was alles passieren könnte, und vor allem, welcher Verlust droht, wenn das Ergebnis nicht wie gewünscht ausfällt. Dabei gibt es dann leider oft mehrere unschöne Varianten, aber Sie sind gefasster, sobald Sie erkennen, dass Sie verloren haben. Und was passiert, wenn Sie nichts tun? Tja, dann wird sich höchstwahrscheinlich auch nichts an Ihrer Situation ändern. Sie müssen sich wohl oder übel damit abfinden und dürfen aber auch nicht darüber jammern.

Beispiel: Ihr Werbespot soll bei einem regionalen Radiosender auf die Neueröffnung aufmerksam machen. Das beste Ergebnis wäre natürlich eine gelungene Eröffnung mit vielen Kunden und dadurch gute Mundpropaganda, welche wiederum zu neuen Kunden führt. Wenn Sie keine Werbung senden, wird niemand darauf aufmerksam und das Geschäft bleibt schlecht besucht. Wird der Spot schlecht, witzeln die Leute wohl noch vor der Eröffnung über Ihre Selbstständigkeit. Dies wiederum schlägt Wellen in verschiedene Richtungen: Entweder Ihr Geschäft wird aus Neugierde besucht, dann doch für gut befunden und die Werbung als Fehltritt abgetan, oder der Laden bleibt ziemlich leer. Denn wer geht schon gern in ein Geschäft, bei dem man schon bei der Werbung stutzig wird? Sie können es mit dem Spot zwar erneut versuchen, aber es bringt wieder viel Zeit- und Geldaufwand mit sich. Gewinnen Sie jedoch mit dem Werbespot schon einen guten ersten Eindruck, währt dieser bekanntlich am längsten und zieht immer mehr Kunden an.

ARGUMENTIEREN SIE RICHTIG

Bevor Sie eine Konversation beginnen, informieren Sie sich genau über die Thematik. Überlegen Sie sich, welche Fragen Ihnen Ihr Gegenüber stellen könnte. Ohne gute Argumente haben Sie schon von vornherein so gut wie verloren, denn Ihre Gesprächspartner nehmen Sie nicht ernst, wenn Sie keine, wenige oder nur vage Antworten geben können. Ein guter Trick, dies zu üben, ist ein kleines Rollenspiel mit einer vertrauten Person. Falls Sie lieber allein üben, versetzen Sie sich selbst in die Lage Ihrer Ansprechpartner und stellen Sie sich „dumm".

ÜBEN, ÜBEN, ÜBEN

Bald geht es ans Eingemachte. Bevor Sie jedoch wirklich loslegen, sollten Sie das Ganze erst einmal üben, am besten vor dem Spiegel. Auch, wenn Sie sich etwas komisch vorkommen: Mit Ihrem Spiegelbild bekommen Sie eine gute Möglichkeit, Ihre Körpersprache zu analysieren und zu verbessern. Meist ist man vor etwas Neuem nervöser als sonst, was sich auf Ihre ganze Mimik und Gestik auswirkt. Vor allem, wenn es auch noch fremde Menschen sind, vor denen man spricht.

Verhalten Sie sich eher leise, zurückhaltend, geduckt und unkonzentriert, wird das für die Zuhörer schnell langweilig und sie sind rasch desinteressiert. Stehen Sie aber immer aufrecht und gerade, sprechen laut und deutlich und vermitteln den Eindruck, dass Sie genau wissen, wovon Sie da sprechen, fesseln Sie Ihr Publikum deutlich besser. Üben Sie auch, Augenkontakt zu halten, so fällt es Ihnen später leichter, denn Augenkontakt verfestigt ebenfalls Ihren Standpunkt.

Es soll aber auch nicht aufgesetzt oder auswendig gelernt wirken. Reden Sie entspannt, seien Sie ruhig und gelassen, nicht zu energisch und haben Sie Ihr Ziel genauso vor Augen wie die Risiken und Chancen. Seien Sie sich bewusst, dass Sie all Ihre Argumente kennen und Sie einen guten Plan verfolgen. Natürlich kann immer etwas Unvorhergesehenes geschehen; gut vorbereitet können Sie jedoch um einiges beruhigter an die Sache herangehen und auch spontan besser reagieren.

PASSEN SIE SICH DER KOMMUNIKATIONSART AN

Die verschiedenen Blickwinkel und Reaktionen von Massenpsychologie haben Sie bereits grob kennengelernt. Doch die richtige Kommunikationsart zu Ihrem Gegenüber ist entscheidend dafür, welche Richtung das Gespräch einschlägt. Ganz egal, welche Art von Menschen Sie beeinflussen wollen: Sie müssen sich deren Kommunikationsart anpassen, also der Art und Weise, wie diese miteinander sprechen. Diese erst einmal herauszufinden, ist die schwierigere Aufgabe.

Wer steht also gerade vor Ihnen? Das Erscheinungsbild sagt meist schon viel aus. Dieses aber einmal unbeachtet gelassen, ist den Sprachstil zu betrachten ein guter Schritt zur besseren Einschätzung. Spricht Ihr Gegenüber eher gehoben und „siezt" Sie oder redet er im Getto-Slang und „duzt" Sie? Welche Vorlieben und Abneigungen hat er bei bestimmten Themen? Reagiert er sachorientiert oder eher emotional? Auch mal Fragen zu stellen und so zu erfahren, wie der andere tickt, ist eine gute Möglichkeit, die richtige Kommunikationsart herauszufinden. Um das Gespräch in den gewünschten Verlauf zu bringen, müssen Sie gerade zu Beginn dem anderen auf den Zahn fühlen.

Beispiel: Reagiert jemand schon abstoßend bei der Frage, wie er zu Homosexualität steht, so wird er auch bei allen anderen Fragen rund um das Thema eine eher negative Einstellung haben. Daraus können Sie einerseits schlussfolgern, dass Ihr Gegenüber entweder wenig tolerant ist oder selbst schlechte Erfahrungen mit dem Thema hatte. Andererseits können Sie an der Reaktion auch feststellen, ob Ihr Gesprächspartner eher sachlich oder emotional reagiert.

VERKAUFEN SIE SICH NICHT UNTER WERT

Wenn es dann so richtig ans Eingemachte geht, dann sagen Sie Ihrem Gehirn, es soll zu seiner Meinung stehen. Verkaufen Sie sich nicht unter Ihrem Wert! Sie haben Ihre Argumente gut durchdacht und Ihr Auftreten geübt. Sie brauchen also nicht nervös zu werden und können sich jeglicher Gegenwehr getrost aussetzen.

Dazu gehört auch, Weichmacher unbedingt zu vermeiden! Auf keinen Fall sollten Sie Worte wie hätte, könnte, würde, dürfte, sollte, eventuell, vielleicht, irgendwie, irgendwo, irgendwann und dergleichen benutzen. Solche Weichmacher werten Ihren Standpunkt ab und entkräften Ihre Argumente. Außerdem lassen sie den Zuhörern einen großen Spekulationsspielraum.

Verwenden Sie hingegen Wörter wie hat, wird, darf, soll, muss oder die Angabe eines bestimmten

Zeitfensters, Datums oder Ortes, bekommen Sie automatisch weniger Gegenfragen, wodurch Sie sich wiederum weniger rechtfertigen müssen. Sie wissen genau, was Ihr Ziel ist und was Sie nicht erreichen wollen. Auch wertvolle Zeit für Dinge, die sich mit einer starken Ausdrucksweise von vornherein klarstellen lassen, können Sie für die Beantwortung von viel relevanteren Fragen nutzen, denn „Zeit ist Geld" oder in Ihrem Fall ein wichtiger Informationsfluss.

SPRECHEN SIE AUF DEN PUNKT

Sagen Sie immer genau das, was Sie meinen, und auch so, wie Sie es meinen. Natürlich an die jeweilige Kommunikationsart angepasst. Achten Sie aber vor allem auf die senkende Stimme am Satzende. Ansonsten könnte eine Aussage schnell falsch verstanden werden oder Ihr Gegenüber wartet noch auf etwas, was Sie zusätzlich sagen möchten, was wieder vom eigentlichen Thema ablenkt und Zeit in Anspruch nimmt.

Beispiel: „Das Essen war sehr gut" hört sich mit gesenkter Stimme am Satzende nach einem ehrlichen Standpunkt an. Sie stehen zu Ihrer Meinung und so kommt es auch bei Ihren Mitmenschen an. Wenn Sie jedoch die Stimme nicht senken, interpretiert der

Gesprächspartner verschiedene Möglichkeiten in den Satz hinein. Entweder ein „... aber es war zu viel", oder ein „... aber nächstes Mal gehen wir woanders hin", oder aber ein „... obwohl ich Blumenkohl eigentlich nicht so gern mag". Das Gespräch kann ganz schnell eine ungewollte Wendung nehmen.

ICH-BOTSCHAFTEN

Vermitteln Sie immer den Eindruck, dass Sie von sich selbst sprechen. Fragen Sie nach anderen Meinungen und bauen Sie dabei Ihre eigene geschickt ein. Ihr Gesprächspartner soll nicht denken, dass Sie ihm etwas ausreden oder aufzwängen wollen.

Beispiel: Die Schule, in der Sie als Lehrer arbeiten, soll umgestaltet werden. Spaß beim Lernen und der Wohlfühleffekt sollen dabei eine zentrale Rolle spielen. Die Schüler dürfen in einem Gruppenprojekt dabei helfen, ihren Klassenraum neu zu streichen, haben allerdings keine Lust dazu. Ihre Aufgabe ist es nun vor allem, sie zu motivieren, denn gemacht werden muss es so oder so. Um ein bestmögliches Ergebnis zu erzielen, mit dem auch alle Schüler zufrieden sind, ist eine gute Arbeitsatmosphäre das A und O. Wenn Sie nun z. B. mit Bestrafung drohen, etwa „Wenn ihr so reagiert und nicht mitmacht, bekommt jeder eine schlechte Note im Fach Projektarbeit. Das ist euer Problem", dann machen zwar alle mit, aber die Arbeitsmoral bleibt eher auf dem unteren Level. Schließlich ist das Einzige, dass sie motiviert, die Angst vor Bestrafung und somit ist ihnen das Ergebnis egal, Hauptsache es ist erledigt.

Folgende Ausdrucksweise hat einen viel besseren Nutzeffekt: „Ich finde, das ist eine super Gelegenheit, das Klassenzimmer nach euren Vorstellungen zu gestalten. Ich bin ständig in verschiedenen Räumen, aber ihr sollt euch wohlfühlen. Als ich in eurem Alter war, hätte ich mich sehr darüber gefreut, etwas Pep in meinem Klassenzimmer zu haben. Ich gebe euch die Möglichkeit, auch noch selbst mitzureden. Ist das nicht toll?" Haben Sie es selbst gemerkt?

Die Argumentation steuert das Gehirn in eine ganz andere Richtung. Den Schülern wird die Möglichkeit aufgezeigt, etwas in ihrem eigenen Interesse zu verbessern, ohne dass es ihnen aufgezwungen wird.

Beispiel 2: Ein etwas einfacheres Beispiel ist, wenn Sie zu Ihrem Gegenüber sagen „Du bist unfreundlich". Automatisch erzeugt es ein Gefühl von Angriff, bei dem man sofort auf Verteidigung schaltet. Ganz anders hört sich schon „Ich finde, das kannst du etwas freundlicher sagen" an. Dadurch wird ein Gedanke gepflanzt und erst einmal überlegt, ob das Vorausgegangene vielleicht wirklich etwas zu unfreundlich war.

WIN-WIN-SITUATION ERSCHAFFEN

Eine Win-win-Situation gibt es in zwei verschiedenen Varianten: Die eine geht eher in Richtung Kompromiss, dass also beide Seiten etwas davon haben. Sie müssen nämlich nicht immer zurückstecken, damit es für den anderen ebenfalls einen Nutzen hat. Das Geheimnis darin liegt im richtigen Verkauf Ihrer Argumente, ohne den eigenen Nutzwert preiszugeben. Die andere und eigentlich richtige Variante, eine sogenannte Win-win-Situation zu erschaffen, besteht darin, dass immer nur Sie, egal wie man die Situation am Ende dreht und wendet, im Vorteil sind. Sei es, einen Standpunkt zu verteidigen, oder um Demonstranten in Schach zu halten, es gibt viele Möglichkeiten, wie sich alles zu Ihren Gunsten auswirken kann.

Die wichtigsten Punkte, die Sie dafür beachten müssen, sind Toleranz und Schlagfertigkeit. Damit Sie sich richtig behaupten und vor allem klar und deutlich durchsetzen können, müssen Sie auch anderen Meinungen gegenüber respektvoll sein. Durch

Meinungsfreiheit für alle gewinnen Sie die Sympathie der Masse. Manche Probleme lassen sich nicht wegdiskutieren, gehen Sie also aktiv auf Ihren „Gegner" zu und lassen Sie ihn sprechen. Damit zeigen Sie Respekt und können zum Schluss den Spieß umdrehen. Betrachten Sie das Problem einfach aus einem anderen Blickwinkel, von dem aus es sogar vielleicht einen Nutzen für alle darstellen kann.

Mit genug sachlichen Argumenten und/oder einer eindeutigen Faktenlage lassen Sie sich nicht unterkriegen und so knickt Ihr Gegner irgendwann ein. Auch Humor und kleine Witze lassen sich ggf. einbauen, was ebenfalls die Gesamtstimmung auflockert. Vor allem bei Schülern steigert Humor im Unterricht den Aufmerksamkeitsfaktor und damit den Lerneffekt. Bleiben Sie stets ruhig, entspannt und gelassen. Im äußersten Fall schlagen Sie Alternativen vor. Was auch immer passieren mag, Sie dürfen sich auf keinen Fall provozieren lassen oder gar ausrasten, denn damit verlieren Sie, im schlimmsten Fall vor viel Publikum, sofort Ihre Integrität. Deshalb ist hier eine gute Schlagfertigkeit so wichtig, denn ohne diese können Sie Ihren Standpunkt nur schlecht verteidigen.

Beispiel: Sie preisen eines Ihrer Produkte gezielt auf einer Messe vor viel Publikum an. Plötzlich kommt ein Ruf aus der Menge, dass das Produkt sehr teuer sei. Den Preis können Sie nicht einfach ändern oder wegdiskutieren, weil Sie möglichst viel Profit machen wollen. Geben Sie der Person also zuerst einmal recht, so zeigen Sie Respekt. Anschließend ändern Sie den Blickwinkel des Arguments, z. B. vom Preis zur Qualität. Zeigen Sie alle Vorteile auf, welche der Käufer damit hat, wodurch er sich an anderer Stelle oder in Zukunft bares Geld sparen kann. So entschärfen Sie das Preisargument, durch welches Sie anfangs sehr wahrscheinlich viele Kunden verloren hätten, weil die Masse meistens mit dem Strom schwimmt und dadurch quasi dieselbe Meinung vertritt. Jetzt aber haben alle schon einen etwas besseren Eindruck Ihrer Geldanlage und wenn Sie z. B. zusätzlich einen Mengenrabatt oder ähnliche Angebote anpreisen, legen Sie das Argument im besten Fall komplett lahm.

UND WIE GEHT ES WEITER?

Fangen Sie mit leichten Themen, bekannten und wenigen Menschen an. So bekommen Sie ein Gefühl dafür, wie Ihr Gegenüber reagiert. Wenn Gegenfragen gestellt werden, beantworten Sie diese ganz offen und sachlich, freundlich aber konkret. Nehmen Sie sich dafür genug Zeit, denn niemand darf sich benachteiligt oder ungehört fühlen. Dies würde wiederum zu einem negativen ersten Eindruck führen. Jedoch auch nicht zu viel Zeit, um alle noch fehlenden wesentlichen Informationen weitergeben zu können.

Analysieren Sie hinterher die ganze Situation, damit Sie sie besser verstehen und beim nächsten Mal ggf. anpassen oder verbessern können. Setzen Sie sich solchen oder ähnlichen Situationen so oft wie möglich aus, damit Sie eine gewisse Routine für das Ganze bekommen. Dadurch verbessert sich vor allem Ihre ganze Körpersprache also Mimik, Gestik und Rhetorik. Gegenfragen, welche ein echter Zeitfresser sein können, werden so auch automatisch weniger. Eine Schulklasse z. B. handeln Sie dann normal im Schlaf, welche Ihr gutes Image an der ganzen Schule verbreiten.

Steigern Sie sich dann langsam auf schwerere Themen und mehrere Menschen. Durch gute Mundpropaganda erarbeiten Sie sich immer größer werdende Menschenmassen, die Ihren Standpunkt ebenfalls vehement verteidigen und weiterverbreiten, und so kommen Sie Ihrem Wunschzustand immer näher. Sie haben Ihr Ziel erreicht? Herzlichen Glückwunsch! Meist verfolgen wir unsere eigentlichen Ziele im Leben erst gar nicht, weil wir denken, dass wir es sowieso nie schaffen werden.

Warum also Energie dafür verschwenden? Doch wenn Sie es bis hierher geschafft haben, haben Sie jetzt wohl Blut geleckt. Denn je unerreichbarer ein Ziel für uns scheint, desto mehr freuen wir uns darüber, wenn wir es dann doch geschafft haben. Nutzen Sie diesen Motivationsschub sofort aus und setzten Sie sich ein neues Ziel. Verändern und verbessern Sie die Welt ein bisschen mehr nach Ihren Vorstellungen, die Menschen hören Ihnen zu!

Viel Erfolg bei Ihrem Projekt!

Die wichtigsten Tipps zusammen-gefasst

Schritt 1: Setzen Sie sich ein genaues Ziel. Allen zukünftigen Entscheidungen liegt die Frage zugrunde, ob es Sie näher zum Ziel bringt oder Sie wieder davon entfernt.

Schritt 2: Erkennen Sie alle Risiken, Chancen und Folgen für jetzt und die Zukunft.

Schritt 3: Informieren Sie sich genauestens, um die richtigen Argumente stets parat zu haben.

Schritt 4: Üben Sie vor dem Spiegel, um Ihre Körpersprache in den Griff zu bekommen. Halten Sie Augenkontakt. Ein kleines Rollenspiel mit einer vertrauten Person als Versuchskaninchen nimmt Ihnen etwas Nervosität und Sie können üben, schlagfertiger auf Gegenfragen zu reagieren.

Schritt 5: Finden Sie die Kommunikationsart Ihres Gegenübers heraus und passen Sie sich dieser an.

Schritt 6: Sagen Sie Ihrem Gehirn bewusst, es soll zu seiner Meinung stehen, und verkaufen Sie sich nicht unter Ihrem Wert. Vermeiden Sie unbedingt Weichmacher.

Schritt 7: Sprechen Sie auf den Punkt mit senkender Stimme am Satzende, um Ihren Standpunkt zu festigen und wertvolle Zeit zu sparen.

Schritt 8: Sprechen Sie möglichst oft in der Ich-Perspektive. Durch Ich-Botschaften vermitteln Sie weniger den Eindruck, dass Sie jemandem etwas ausreden oder aufzwingen wollen.

Schritt 9: Erschaffen Sie eine Win-win-Situation, damit Sie möglichst immer im Vorteil bleiben. Seien Sie dazu vor allem tolerant, respektvoll und schlagfertig. Lassen Sie sich nicht provozieren. Zeigen Sie Humor und bleiben Sie stets ruhig und gelassen.

Schritt 10: Beginnen Sie mit leichten Themen und bekannten Menschen, denn in der Ruhe liegt die Kraft. Gute Mundpropaganda ist eine Quintessenz für erfolgreiche Massenpsychologie. Analysieren Sie das erste Gespräch und passen Sie ggf. ein paar Details an. Entwickeln Sie eine gewisse Routine durch mehrfaches Auftreten. Nutzen Sie den Motivationsschub und steigern Sie sich auf schwerere Themen und mehrere Menschen bis hin zur gewünschten Masse. Die Menschen hören Ihnen zu! Viel Erfolg!

Herstellung und Verlag:
BoD – Books on Demand, Norderstedt
ISBN: 9783755729921
© Monika Embacher 2022

1. Auflage
Kontakt: Psiana eCom UG/ Berumer Str. 44/ 26844 Jemgum
Covergestaltung: Fenna Larsson
Coverfoto: depositphotos.com